조각배에 흔들리며

시조사랑시인선 02

모상철 시조집

조각배에 흔들리며

열린출판

조각배에 흔들리며

1판 1쇄 발행 2020년 2월 10일

지은이 | 모 상 철
펴낸곳 | 열린출판
등록 | 제 307-2019-14호
주소 | 서울특별시 성북구 솔샘로 25길 28 114-903
전화 | 02-6953-0442
팩스 | 02-6455-5795
전자우편 | open2019@daum.net
디자인 | SEED디자인
인쇄 | 삼양프로세스

ⓒ 모상철, 2020

ISBN 979-11-966435-6-0   03810

*책값은 뒤표지에 표시되어 있습니다.
*저자와 협의하여 인지를 생략합니다.

■ 책 머리에

  여섯 번째 시조집 『조각배에 흔들리며』를 낸다.
  지난봄에 4집 『밤차를 기다리며』와 5집 『문득 돌아보다』를 출판했는데 잇달아 내게 된 것은 살아온 날과 남은 날을 꼽아보며 주변 정리를 서둘러야 하겠다는 생각이 들어서다. 일단 곳간을 비우고 나서 다시 시작하려 한다. 조급하게 묶어서 태작 투성이인 것을 잘 안다. 독자님께서 많은 질책 내려주실 것을 기대해본다.
  서평은 이광녕 교수님께서 수고해주셨다. 이 세상에서 매우 바쁜 사람 중의 한 분인 이 교수님께 머리 숙여 감사드린다.
  그분은 어린 시절에 어머니를 일찍 잃은 성장환경이 나와 비슷해서 나의 속내 속정까지 훤히 읽으셨는지 마음에 쏙 드는, 그리고 분에 넘치는 좋은 말씀을 해주셨다. 또 나를 다시 돌아보게 일러주셨다. 오래오래 건강하시어 지도해주시기 바란다.
  스스로 돌아보고 새로 다짐하며 다음과 같은 한 수를 지었다.

그가 하는 말
　-시 짓기

정 끝이 불꽃 튀겨 바위에 묻는 씨앗
보태고 뺄 틈 없이 본 대로 들은 대로
길 안팎 꽃도 꽃 아닌 꽃도 목소리랑 꿈마저

때아닌 미친바람 하늘땅 뒤엎어도
거울에 비친 대로 잣대에 찍힌 대로
뒷맺음 무아에 맡겨 사초 적는 맘으로

　　　　　　　　2020년 봄을 기다리며, 모상철 識

■ 차례

■ 책머리에__5

제1부

내일 해를 맞으려면__13
여울을 건너며__14
싸움닭 엘레지__16
탑 뒷그늘에__17
어떤 길손__18
이정표 앞에서__19
파계의 꿈__20
는개__22
미래로__23
계륵鷄肋을 위하여__24
계면조로__25
사초 엮던 날__26
먹방을 끄며__27
먹으면서__28
달걀을 깨다가__29
현장에서__30
현장에서·1__31
현장에서·4__32
상실의 기억__33

부재의 시 __ 34
갈림목 __ 35
널문리板門店 환상곡 __ 36
와불 __ 37
윤회 __ 38

제2부

끈과 끈 __ 41
차라리 __ 42
운주사雲住寺 소견 __ 43
숲길을 가며 __ 44
짐 풀기 __ 45
영광을 아낙에게 __ 46
한, 그 너머 __ 47
성장통을 위하여 __ 48
갈라파고스를 그리며 __ 49
풀과 무덤 __ 50
뒤안길에 __ 51
풀·2 __ 52
어느 날·3 __ 53
어느 날·4 __ 54

끝이 좋아야__55
오련다 아라리__56
씨앗__57
동방삭東方朔에게 묻다__58
이런 놈도 살았다고__59
맹골孟骨 회심곡__60
누가 먼저__61
있습디다__62
잊힌 날__63

제3부

사라짐을 보며__67
만남 별곡__68
아픔에게__70
민요곡을 들으며__71
환상 점경__72
뒷그림자__73
햇살 아니면 그늘로__74
넘어야 할 한 고개__75
첫눈 그리고 까치소리__76
혹시 나도__77

죽음에게__78
삼랑진三浪津 추억__80
거기 __81
그리운 언덕__82
오래된 응달__83
아우를 보내며__84
미안해, 아랫누이야__85
아버지 생각__86
성장통을 겪고서__87
사세辭世 시__88
그대는 __89
모니카에게__90
대수롭지 않은 것을__92
미완 시편未完 詩篇__93
저승꽃__94

■평설: 그늘 속에서 진실을 찾아내는
　　　　낮춤의 미학, 이광녕 __96

제1부

내일 해를 맞으려면

거기가 여기인가
이름난 거센 여울

별안간 덜컹 출렁
덮쳐오는 먹구름 떼

악물고
키만은 놓치지 마
넘어야 할
한 고비

여울을 건너며

양 떼라 여겼더니 달리는 누우 무리

빨라야 담장 넘어
새 날로 이어 살리

예 시방
눈보라 사금파리
세한 만난 바람 벌

서릿발 아귀 이빨 숨통을 조여와도

체념일랑 묻지 마
박차고
물리쳐야

꿈길로

다시 볕살 타오를
풀숲 널린
내 땅에

싸움닭 엘레지

망나니 칼춤 추는
서릿발 쇠사슬아

바람에 부딪히고
바위에 부딪히고

부숴야
새 햇살 맞을
가차없는
덫 아래

탑 뒷그늘에

팔리지 않은 소를 앞세워 돌아온다
이마에 오는 바람 땀 줄기 밀어내도
마음에 쌓이는 눈송이로 어둠 오는 고갯길

철없는 누렁쇠야 뻐무지 어쩌라고
이 손등 핥아대며 웃음을 참고 있니
팔려야 우편국 들러 한걱정을 덜 텐데

몇 밤을 잠 못 드는 궁리에 휘둘리며
헤어질 시름 눌러 장날을 별렀는데
소식을 기다릴 얼굴에
워낭소리 겹치네

어떤 길손

임 따라 나섰다가
재만 안고 돌아온 길

뒤틀린 친정 시댁
뒷소문 주워 담고

버렸던
남들의 고장
다시 찾는
역마살

이정표 앞에서
　-'임을 위한 행진곡'을 들으며

그 늦봄 숨죽였던 구름 밖 강남소식
웬 바람 몰아쳤기 혼불꽃 저리 살아
갈수록 번져 불붙는 들불 되어 솟는가

짓밟으면 꺾이리라 믿었던 자 누구인가
역사는 보였느니 빛살은 굽지 않네
다시는 설움에 찌든 풀
살지 않을 땅으로

새날이 올 때까지
흔들리지 말자는
그날은 언제인가
시련의 겨울 넘어
아는가
따르라시던
그 속뜻을
산 자여

파계의 꿈

상상봉 명장名匠님께 상사리로 간청했어
풋열매 살피소서 빛 한 올 내리소서
띄운 날 하마 까마득 콧방귀도 없더군

한 가닥 베푼 뜻도 미륵으로 받들 미생
잡풀은 줄기 꺾여 스러져 흘러가고
여염에 어두운 미아처럼 먼 이내에 우옵네

천불인天不仁 핏빛 낙관 서릿발 진리였나
난초 핀 꽃밭에도 탈 쓴 바람 어지러워
구겨진 옷자락 여며 새로 건널 흙탕 늪

보석이면 자갈보다 높이 볼 신기루냐
스승은 널린 세월 사람 숨결 뜸한 바다
섬 찾아 뱃머리 돌리려다 된 너울에 질렸네

길이다 팻말이다 멘토다 하늘이다

우러러 거울 바란 흰 낮 꿈 부끄럽네
별 그린 앳된 날개야 네 앞 네가 열 밖에

담장 위 수탉한테 으르는 똥개인가
돌팔매 날려봤자 물수제비 애먼 몸짓
본시에 홀로 켤 등불
이제 슬슬 눈 뜨렴

는개

독립채산 선언 뒤
바람도 발병 났나

빗길을 마다 않던
그날들 어디 가고

저물녘
한속寒粟 안고서
는개 앞에 섰느니

미래로
  -피지 않은 붓꽃에게

먹구름 밀려오고 바람결 수상쩍다
머잖아 몰아닥칠 광폭풍 앞에서도
견디어 꺾이지 마라
마지막은 멀단다

햇살에 웃을 날은 오늘이 아니란다
못 피운 애기꽃은 어둠 속에 잠이 깊어
새날을 기다려보자
심줄 가닥 놓지 말고

계륵鷄肋을 위하여

쓸모는 별로 없고 버리기는 아까운 너
제 자리 찾지 못해 변두리 서성여도
너만이 맡아야 할 일
어딘가에 있단다

네게도 남았겠지 풀어야 할 꿈 보따리
삭북의 동토에도 언젠가 꽃이 피듯
때 오기
잠자코 기다리면
꼭 올 거야
볕들 날

계면조*로
-일본군 위안부 할머니를 위하여

누나가 나물 캐다 사라진 날 강은 멈춰
봉오리 댕기머리 눈발이 덮는 사이
먹안개 고개마루엔 꽃도 새도 길 잃고

한숨도 바닥이 난 어미꽃 지레 진 뒤
눈물진 까치울음 등성 길 찾게 하네
그 나날 할퀸 생채기 서릿발로 섰는데

누나 어디 갔이유 잠꼬대 늪에 빠져
한에 한 새끼 치며 눈덩이 굴려왔지
누나만 아픔이 아닌 그림자의 그림자

짓밟힌 한살이 꿈 조각보 찢겨지고
목 잠긴 바람결만 싸리울 흔드는 밤
쇠사슬 끊긴 고샅에 상고대 꽃 피었네

*계면조界面調: 국악에서 슬프고 애타는 느낌을 주는 음조.

사초 엮던 날
- 도사공 처단의 판관에게

어두운 뒷머리에
헝클린 들풀꽃은

어쩌다 금강석을
민망하게 했을까

오롯 그
길을 밝히려
높이 쳐든
횃불이

먹방을 끄며

배창자 쪼로록에 앙갚음 하려는지
전파 탄 먹기 타령 쓰나미 진수성찬
오감에 담장 높여도 심지 바닥 안갯길

부황浮黃의 풍토병을 벗어난 날 언제라고
비계 낀 배불뚝이 흥청망청 식도락에
부릅뜬 소돔과 고모라가 침묵 너머 째린다

과잉의 먹잔치로 싹트는 전염병이
여염을 좀먹으며 덮쳐오는 구름 아래
살 빼려 진땀 짜내는 각설이패 하얀 꿈

먹으면서

새삼 섬찟해라 자신을 알라는 말
알고 난 뒤에조차 편히 살 수 있으려나
몰라서 오히려 맘 놓고 지내온 게 아닐까

그 숱한 생목숨을 먹이로 삼아 산 삶
살자니 먹는다만 먹히고는 싶지 않지
함에도 살라 허용된다면 죄와 벌이 있을까

제 모습 돌아보면 무량한 살생의 길
눈떠라 포식자여 그 허물 어쩔 테냐
천형에 쫓겨서 눈먼 채 먹어야 할 오늘은

달걀을 깨다가

꿈꾸는 새 목숨을 내 손이 끝장낸다
자장가 엄마 품에 마음껏 안겼다가
또 한 번 탄생의 기쁨으로 환할 앞날 빼앗아

말없이 스러지는 순명의 미생 앞에
미물을 먹이 삼고 영장靈長이라 활개쳐도
받으면 바치는 천리天理 거스르는 이단자

독선의 죄업으로 망나니 번영한들
섭리의 서릿발은 오만한 착각에도
위선아 재촉하지 마라 막장 날의 종소리

현장에서

-1950. 6. 28

해일은 쫓겨 가고
둥지는 철통 속에

탈박 쓴 전파 전갈
강 건너 딴 천지서

첫새벽
여울진 핏빛 태풍
길을 잃은
숱 삶 떼

현장에서 · 1
 -1950. 6. 28

질 무렵 위협 소리 머리 위 찢고 가고

허둥대는 물결 앞에
저마다 할 바 놓쳐

서로가
남을 잡아먹어야
살아남는
칼날 춤

현장에서 · 4
－1950. 7. 의용군 불도장

모여라
기다리던 전갈에
설렌 여울

달려간 시공간엔
으름장 핏빛 담장

싸잡아
볼모로 끌려간
유전 십년流轉十年
영혼은

상실의 기억
  -1951년 1월, 원주에서

겨울은 갑자기 와 방향을 놓친 물길
갈 수도 머물 수도 차마 없는 갈림목에
얼음은 철벽으로 솟아
몰고 오던 칼바람

멀어졌던 회오리 다시 오는 남행길에
먹구름 흘러가고 빈 가슴에 남은 거란
꿈으로 간직해오다
휩쓸려간
보따리

부재의 시
- 1951년 1월, 다시 원주

불 질린 군수물자 치솟던 검은 공포
밀물진 총칼 떼는 남행 남행 후방급행
엇갈린
태풍이 덮쳤으나
목격자는 부재 중

둥지에 두고 온 꿈 아쉬워 돌아가려
거꾸로 치달렸나 물보라 거스르며
그 역행
허물이었으리
거미줄 친
오라에

갈림목

광장*에 피어난 꽃
고향도 적도 아닌

난바다 어느 녘쯤
젊은 넋 사뤘던가

어쩌다
길을 못 찾아
영영 버린
내 산하

* 최인훈(1960년대)의 소설

널문리板門店 환상곡

풍각쟁이 너름새에 넋 홀린 꼭두각시
속셈을 알면서도 휩쓸려간 꿈자리로
탈 그늘 도사린 웃음
칼날 되어 오리니

깃발로 반길 건가 발자국 헤아릴까
아리송 광대놀이 속이고 속아주는
지금은 먹구름 하늘
묻지 마라 내일을

바람이 가는 쪽을 너울에 실린 대로
운 따라 흘러가면 어디쯤 닿으려나
길 잃은 마파람 하늬 사이
널뛰기의 아리랑

와불

아득함 지레 알아
누워서 기다리나

먼 훗날 오리라는
한 줄 빛 앞에 서려

나이테
쌓였다가 사라져
가늠 못 할
내일에

윤회

바위로 태어나서 부처가 되고 싶어
불꽃 튀는 정 끝으로 생살을 도려내는
아픔을 견디고 넘어
절 마당에 서더니

쉼 없는 비바람이 영겁을 손짓할 때
사바의 온갖 하소 하늘에 아뢰다가
언젠가
빛 잃은 세월 건너
세모래로 흩어져

제2부

끈과 끈
  -백석白石 시인을 생각하며

시인도 나타샤*도 스님도 모두 가고
남은 시 한 줄보다 못하다는 불당에는
세월만 멎은 듯 흐르는 듯 그림자로 비끼네

안 가본 외진 길에 발자국 깊이 새겨
이 땅에 못 피운 꽃 하늘에 열매 맺은
수유須臾가 영겁으로의 징검다리 종소리

바람이 흔들어도 미련에 실어온 짐
버리고 훌훌 털고 빈 배로 노 저으면
강나루 건너 끝없는
쌍 가닥 끈 매듭에

*나타샤: 백석白石의 시 '나와 나타샤와 흰 당나귀'에서

차라리

기다리지 않아도
오는 봄 하릴없이

그토록 목을 빼나
얼붙는 바람 속에

그때 그
봄날의 하늘 아래
무슨 씨를 뿌리랴

운주사雲住寺* 소견

웬 서원誓願 그리 많아 바쳐진 천불 천탑千佛 千塔
비구름 사는 골에 녹슨 채 버려두고
갠 하늘 기다리다 못 해 혼불들은 갔을까

무지개 꿈꾼 보람 아직도 못다 맺혀
사바길 갈림목에 한 줄 빛 오지 않고
저녁 종 부질없이 울어 어둠으로 흐를까

그리움 애틋함이 얼룩진 만 발 밧줄
전 후생 영겁토록 엮여 가는 생령이란
한 살이 쌓는 죄업에
고개 숙여 건널 뿐

*운주사: 전남 화순 소재. 숱한 돌부처와 돌탑이 있음.

숲길을 가며

무시로 마주친다 낯선 이 낯익은 이
어디 사는 누군지 궁금하지 않는데도
뒷모습 돌아다보는 이 버릇은 왜일까

언젠가 본 듯한데 오늘 또 만나는 이
만난 적 없을 텐데 어쩐지 본 듯한 이
저절로 어울리는 냇물에
뜬풀처럼 흐르며

애당초 알았던 이 있을 수 없는 땅에
걸으면 길이 되고 만나면 숨결 섞는
짙은 숲
오솔길 위에
볕이 와서
손 잡네

짐 풀기

변곡점 지났는데
메아리 기미 없어

주눅 든 파란 바람
무시로 허둥지둥

얻다가
내려놔야 하나
무게조차
안개 속

영광을 아낙에게

그 여인 허리 굵은
조선의 아줌마야

임들의 그 억척이
생기로 타올라서

활화산
저리 솟느니
활짝 웃는
아라리

한, 그 너머
-신종神鍾 뒷얘기

눈물을 거두세요 뉘 잘못도 아닙니다
난 아직 살았어요 품안의 젖먹이로
이대로 떠나지 못해요
엄마 눈에 울음 두곤

뭇 생이 지난대도 외줄기 띠에 매여
파랗게 살겠어요 햇살 꽃핀 눈빛 안에
보세요 꿈길의 옹달샘이
옹알이로 웃지요

따뜻한 얼음 같은 마음의 여울목에
회한은 곰삭아서 자장가로 흘러흘러
가없는 어둠 너머에
에밀레야
엄마야

성장통을 위하여

자라자면 견디거라
사는 날 그리하듯

모루에 누울수록
허울은 벗겨지고

그렇게
아픔을 겪어
열리느니
부신 길

갈라파고스를 그리며

발원의 새싹들이
물결 따라 실리 따라

저마다 편한 대로
이 저리 갈린 세월

다만 그
절대고도에
갇혀 살던
자존은

풀과 무덤

슬픔도 묻어 두면 가시가 돋는 건지
무연고 떼 무덤 터 빼앗은 환삼덩굴
짓밟은 묏등도 빗돌도 아수라장 별 바다

육신이 삭아져 간 흙더미에 뿌리박고
백골을 거름 삼아 들불로 줄기 뻗어
하늘땅 자리 바꾸려는 저 섬뜩한 오기여

이 저승 변두리에 가림막 짙게 쳐서
무덤 안 곡소리를 막으려는 것이리라
풀벌레 작별의 바람에나 흐느끼란 것이리

뒤안길에

이 후진 고을까지 어진 사또 다스렸나
장터거리 앞뜨락 늙은 나무 느티 아래
공덕비 여남은 채나 으쓱으쓱 서 있군

가물면 굶어 죽고 물난리엔 떠내려가
천운 따라 허덕이던 나무껍질 풀뿌리에
무슨 큰 빛살 내렸기 눈 시린 저 돌덩이

풀·2

1.

언 땅 뚫고 치켜든 고사리손 활짝 펴
햇볕 빗물 한껏 받아 키를 세운 여린 싹
마파람 돌고 돈 사이 잎새 벌고 꽃 피고

2.

갈래갈래 제 갈 길로 씨알 모두 떠난 뒤
검버섯 핀 빈 껍질 달빛에 뒤척임은
서둘러
몸을 눕혀서
흙으로 돌아가려

어느 날 · 3

사흘쯤 뜸들였다
오마며 떠나더니

몇 천 사흘 기별 없다
갑자기 돌아왔네

머리띠
푸르던 서슬
어찌하고
바람으로

어느 날 · 4

기다려 달라던 임
사진만 보내왔네

열아홉 수절 아내
한 갑자 훨씬 지나

한 마디
사연도 없이
처자 손자 손잡은

끝이 좋아야

그토록 힘에 겹게 올랐던 바위벽을

밧줄 타고 내려오자
대번에 땅에 닿네

한 생애
쌓은 탑도 삐끗하면
순식간에
뜬 거품

오련다 아라리

오마고 짚어주신
그 날짜 하마 지나

그림자 어른 아른
눈시울에 뜨고 지네

가신 임
안 오는 임 나란히
먼 재 넘는
바람결

씨앗
-詩의

꿈길에
생각 토막
별 흐르듯 비끼기란

불타던 다랑논을
적셔주는
임의 손짓

한 방울
빗물에까지
손 모았던
보람이

동방삭東方朔에게 묻다

얼마나 보람스런
공덕을 쌓았는가

넘치는 광음 속에
밝혀야 할 불멸의 빛

어디에
남아있는가
이름 새긴
금자탑

이런 놈도 살았다고

잘 못 안 멍에 찾아
멍든 길 톺아 돌다

허방에 잡힌 발길
벗어날 틈 저버린 채

별 너머
생뚱맞은 꽃섬에
떠내려온
머저리

맹골孟骨* 회심곡

그 봄날 자장가는 눈보라 감춘 삭풍
꿈 앗긴 꽃봉오리 거미줄 흐느낌에
애비를 용서해다오
고개 숙인 주춧돌

길 아닌 배움 길에 보낸 죄 어이하랴
양어깨 후려치라 주저앉은 무력감의
아수라
칼이 춤추네
잡아 꿇릴
도사공

* 맹골: 세월호가 침몰한 해역

누가 먼저

뒷길섶 모과나무 우듬지 열매 하나
나날이 무르익어 계절에 물든 가슴
언젠가
한 알 따리라
오가며 쳐다봤지

오늘 문득 빈자리 사나운 입동 바람
아 그게 아니구나 망설이다 못 연 살짝
놓친 시詩
찾을 길 없는
눈에 가득
허공만

있습디다

뉘에게도 감추고픈 창피한 그림자가
한사코 드러내지 말아야 할 발톱이
이끼로 휩싸여 감춰진 오래 묵은 상처가

실어증 비켜 가는 마지막 목청이
가차 없는 회초리 기다리는 오금이
죽임의 벌로도 마저 벗지 못할 죄업이

다스려 가꿔야 할 찬란한 소실점이
비바람에 지지 않는 오롯한 불꽃까지
조그만 가슴 구석에
이제 보니
어느새

잊힌 날

나에게 묻지 마라
배따라기 부를 날을

어쩌려 새삼 알려
나도 몰래 짚어둔 때

세상 다
그렇지 않으랴
망각의 강
이 저쪽

제3부

사라짐을 보며

오면은 가는 이치 알고나 오는 듯이
말없이 피었다가 절로 지는 꽃을 보면
보내기 아쉬운 나날에 마음자락 시리다

삭신에 그늘 내려 걸음도 후들대면
벼랑에 등을 기대 지는 해 바라보며
앞날엔 뉘우침 없으라 지레 꼽아 보리라

삶이란 죽음까지 흘러가는 수유須臾일라
왔다가 영원으로 떠나는 존재에게
애달픔 걸러낸 눈으로 웃고 보낼 일이리

만남 별곡

1. 돌장이

정 하나 망치 하나 발원發願의 꿈 노래로
마주선 미래에다 혼불꽃 피워 넣어
온 누리 우러를 하늘길
깊이 심어 남기리

2. 바위

어둠의 묵상에서 홀연히 눈을 열어
수라修羅도 관세음도 내 안에 있으리니
이 저승 사무치는 명장名匠
심지 짚어 새겨다오

3. 일기일회一期一會

영원 속 한 찰나와 무한 안의 빛살 한 점

마주친 지금 여기 정 끝과 바위 사이
외줄기 바람결에 웃는
지지 않을 꽃송이

아픔*에게

다리는 진창 늪에 몸통은 구름 위에
걷는지 멈춘 건지 시시로 가늠 못 할
갈지자之字 기댈 곳 없이 무너지는 걸음마

느림의 미학이란 핑계도 당치않고
남처럼 들고 싶은 목 고개 깊이 꺾여
하늘은 저승처럼 멀어 흐려지는 그림자

추위 없는 여름이 내게 언제 있었던가
분해된 조각조각 임자 잃은 살덩이로
이제야 막바지 등마루 악다물고 오르리

*척추관 협착증

민요곡을 들으며
- 한 오백 년 살자는데

눈감아 그 가락에 원 없이 잠겼다가
사무쳐 새기다가 꽃 지듯 돌아서면
그때야 장근將近 반 즈믄 해 푸른 빛살 오리까

나이테 다 닳도록 견딘들 남은 날은
입때껏 풀지 못한 매듭 하나 벼랑 턱에
넘어도 바람만큼 넘어도 응어리는 재 너머

한밤중 고요 속에 젖은 낯 깊이 숙여
꿈길로 긴 한숨이 안개처럼 스며와도
또 다른 아리랑고개 그려보며 가리까

환상 점경

1.

별자리 기우는데 열차는 오지 않아
망연히 서성이는 그림자 흔들릴 뿐
맘속에
길도 차도 있다지
기다린들 그 언제

2.

막차가 왔는데도 길손은 타지 않고
멀어지는 불빛을 바라보다 돌아서네
갈 길을
언제 잃었나
가도 그곳
안 간들

뒷그림자

내 모습 그대로의
회고록 아니던가

어물어물하다가* 남겨질 꿈의 거품

애당초
인생도
역사도
한낱 허업
아닐지

* 어느 묘비명 인용

햇살 아니면 그늘로

꿇을까 고해대告解臺에
술래로 숨어들까

바닥껏
뒤엎은 채
내일을 다짐할까

쌍갈래
하늘 땅 가를
또 하나의
갈림길

넘어야 할 한 고개
- 스스로 매를 들며

날짜는 다가오고
북소리 신들렸나

야금야금 파고드는
좀벌레 낯선 시늉

이제야
본디로 되돌아가
모루 위에 누우랴

첫눈 그리고 까치소리
- 가람문학제에 가며

임 오실 첫눈의 날
까치울음 기다렸지

새하얀 스란치마
내 시름 쓸어안아

설레는
휘파람 소리
날아왔지
아련한

혹시 나도
  -'미 투'를 보며

오랜 날 숨죽였던
화산이 불을 뿜네

짓밟힌 울화통을
단칼로 뒤집는가

수컷아
눈감고 돌아보라
네 그림자 어떠냐

죽음에게

1.

곡괭이 닿지 않은 광맥이 남아 있어
아직은 탈 수 없네 노을 진 귀향 열차
과욕을 나무랄 건가 끄지 못할 모닥불

2.

때 없이 네가 온들 켕길 리 있으랴만
쌓다 만 돌무지를 버려두곤 못 가리라
초연히 너를 찾아가마 열매 오롯 여문 날

3.

그대를 만날 날은 스스로 고르련다
꽃이야 철에 와서 철 따라 간다지만
내 할 일 마무리 진 뒤에나 미련 없이 떠나마

4.

몸서리 털어내고 앞뒷길 헤아리니
삼도내三途川 둔덕 따라 억새꽃 손짓 만발
이제야 짐 벗어던지고 나룻배에 누울까

삼랑진三浪津 추억

어둠의 세월에서 새벽을 찾아 헤맨

갈림목 철길이란
시름을 감췄지만

꿈길의
내 배 사이소
여태 귀에
시리다

거기

멀리서는 독수리 다가서면 엄마 품
봉우리 예 같으나 앙가슴 낯선 바람
설레며 수정 밭 톺던 그때 그 산 아니네

살구 피던 동구 밖 타마구*에 먼지 날고
실개천 맑은 가락 수영금지 검은 늪
그 6월 천둥벼락에 갈린 벗들 어디에

망연히 뉘 그리워 발길 따라 서성이면
흐려지는 실마리 벌판 끝 아지랑이
역마살 나그네 앞엔 낯선 얼굴 썰렁한

물살 위에 흘러간 개구리밥 한살이
그 고향 꿈에나 갈 이제는 남의 고장
묻힌 뒤 푯돌로나마 향을 잡을 잃힌 땅

*타마구: 석탄을 건류할 때 생기는 기름 상태의 끈끈한 액체.
 아스팔트의 재료로 아스팔트를 지칭하는 말로도 쓰임.

그리운 언덕

곰진내* 정든 동산 그때가 언제던가
눈물 자국 아련한 구름 밖 철쭉꽃 떼
어느 봄 다시 찾으랴 꿈으로나 헤아려

피 더운 얼음산에 어린 날의 몸서리
더는 드릴 것 없이 맑았던 벅찬 숨결
기억 속 시간의 명복이나 빌어 올릴 이 제단

정분 깨고 버린 곳 아니건만 못 가보네
마음 따라 거닐던 풀피리 그날보다
아득히 그리는 애달픔 오늘 되려 소중한

*곰진내: 춘천 공지천

오래된 응달

서른셋* 된 아낙 보면 도지듯 목메었다
저 파릇한 젊음에 새끼들은 어쩌라고.
이 역리 하늘 흘겨본 오직 하나 그 까닭

현비 유인 향연 앞에 병아리 비실비실
해는 왜 떠오는지 꽃은 왜 지는 건지
둥지엔 찬바람 스쳐 고향조차 버렸다

하릴없이 질긴 명줄 당신의 갑절토록
타인들 사모곡은 비껴가는 메아리로
그려온 초상화라야
빈 가지 끝
야윈 달

* 서른셋: 어머니가 돌아가실 때의 나이, 내 나이는 열한 살이었다.

아우를 보내며

아니야 말도 안 돼 이 몹쓸 딱한 사람
열어온 기러기 길 곧은 행렬 무너뜨려
멋대로 앞서가다니 부리 끝 내밀다니

이 불순 어디에다 하소하리 다그치리
빈자리 흐느낌뿐 어찌할꼬 어찌할꼬
이제야 매운 눈보라 내 앞에 오나 보다

길잡이 잘못 만나 헝클린 고비고비
세상눈 어두웠던 내 죄가 엄청나다.
달 너머 먼 길 가거든.
잃었던 별 찾게나.

- 상만이에게

미안해, 아랫누이야
　- 상화에게

때 없이 눈 시리다 노을 고개 이쯤서도
코 눈물로 설거지한 단발머리 천사야
손잔등 피꽃 터지고 소학교도 작파한

소꿉노래 바래기 전 밑동 꺾인 생가지
깃 잃은 둥지 바람 한 어깨로 떠맡아
타고난 무쇠 멍에에 무너져간 무지개

떳떳이 고개 들어 곧은 길 걸어온 나
오로지 네게만은 고개 들 수 없었단다
꽃다발 바친다 한들 저문 하늘 밝아지랴

한 샘 솟아 한 줄기라 앞 강물에 뒷 냇물
나는 예서 너는 게서 따로 이어 흘러가도
후생 날 거듭나거든
넌 오라비 되어 다오.

아버지 생각

빗나간 곁가지를 한 가슴에 보듬고
하늘 땅 바로 보라 앞길 멀리 손짓하며
눈부신 매를 드시던
그리워라 그날들

어두운 짐에 눌려 험한 길 가신 평생
애끊는 바람으로
품어 오신 새끼는
방목된 산을 벗어나
떠돕니다,
아직도.

성장통을 겪고서

아프기 잘 했다니
벗이여 손뼉 칠까

허울 벗기 치르고야
들려줄 맴 맴 노래

아픔이
기쁨을 뿌려대는
이 신나는
황당은

사세辭世 시

꿈일까
이 시공에
영장靈長으로 흘러와서

여한 없이 즐겼느니
울었느니
웃겼느니

후세에
이만한 삶
다시
맞았으면 싶어라

그대는

먹잇글에 불 밝히는 마리아여 천사런가
어쩌다 표착한 곳
내 오지랖 안이라니
본디가
과연 이건가
오도 가도
못할
길

- 나의 마리아에게

모니카에게

날 두고 찾아간 곳 천사들 둥지인가

앓고야 뿌리치고 서둘러 갈 리 있나

저승엔
헤어지는 아픔도 쓰라림도 없는지

쓸모 있어 찍혀 간 선산 숲 장송일라

유품이란 이 시름 우리 두 그림자뿐

어차피 갈 길이라면
모두 잊고 잘 가게

숱한 계절 오락가락 나이테 몇 겹 늘어

전 후생 배따라기 바람에 흘러가나

아쉬움
등골 깊이 새기려
앞뒤 길을 더듬네

■ 친구의 죽음을 오래도록 애달파 하는 마리아를 대신해서

대수롭지 않은 것을

건넨 뜻 품어 안아 조심조심 써왔는데
실수의 사금파리 숙이는 직녀 모습
이제는 버려야 하는 손거울에 얼비쳐

손잡이 손때조차 고왔을 마음자락
뒷머리 희끗대며 고개턱 한참 올라
다시금 돌아다보네 젖어오는 안개 속

미리내 흘러가고 칠석도 반백 번쯤
눈물진 숨비소리 헛웃음에 감춰온 길
본디엔
없었을 시름
어쩌다가 싹터서

미완 시편 未完 詩篇

정 끝에 얼을 맺혀 흰 불꽃 피워내며
비원의 망치질로 뼛골마저 사르더니
어쩌다 못다 이룬 채 그 석공은 어디로

바위를 나오려던 부처는 멈춰선 채
꿈 잃은 아쉬움을 견디어 감춘 체념
억년 잠 다시 깊어져 이끼 덮인 바람길

목메어 밝힌 촛불 꺼진 지 하마 언제
무심의 봄가을은 더께 낀 밀썰물로
기다림
사무칠 날 언제랴
오지 않는
별이여

저승꽃

어느새 싹이 텄나
놀라는 거울 앞에

광대뼈께 떠오른
불청객 눈도장은

남의 일 쯤으로 여긴
얼룩점이
내게도

노을맞이 강물에
흘러와 앉은 앙금

여드름 돋던 자리
새로 새긴 정표러니

가랑잎
창에 툭 질 때
문안엽서 받듯 하리

■ 평설

그늘 속에서 진실을 찾아내는 낮춤의 미학

이광녕(문학박사, 한국시조협회 고문)

　산전山田 모상철 시인은 노경에도 불구하고 남다른 열정으로 다작多作과 다상량多商量을 하는 분이다. 이러한 노익장의 열정은 아마도 산전의 한 많은 인생 경륜에 따른 극복 의지 때문이 아닌가 생각된다. 산전 시인은 인생 풍파를 모질게도 많이 겪어낸 분이다. 이 시조집의 제목을 '조각배에 흔들리며'라고 지은 것도 이러한 인생 파고를 의식해서 표제로 삼았으리라 생각된다. 산전은 일제강점기 때(1932년) 춘천에서 태어나 일찍이 부모님을 여의고 장남으로서 갖은 고초를 다 겪었다. 6.25의 참상을 겪은 후, 동생들을 부양해야 하는 무거운 짐을 짊어지고 생활전선에 뛰어들어 모진 세상 풍파와 부딪쳐 싸우며 이겨낸 인간 승리자다.

　필자는 이번 시조집의 서평을 쓰면서 작가의 연보를 부탁드렸다. 왜냐하면 산전의 작품들이 남달리 그늘 속에 사유의 깊이가 심오하고 자아성찰의 색채가 짙기에 그 창작동기와 인생역정과의 상관관계를 알고 싶어서였다. 그런데 놀랍게도 작품의 창작동기와 주제가 작가의 쓰라린 인생 체험의 깊은 심연에서 샘솟듯 솟아나온다는 사실을 더욱 선명히 알 수 있었다.

산전 시인은 말수가 적고 자기낮춤의 미덕이 몸에 배어 있는 분이다. 무대 위에 오르기보다는 후미진 그늘 속에서 현실을 내다보고 서성이면서 자아의 존재감을 더듬어보는 무대 뒤의 남자다. 그래서 오히려 더 은근히 궁금증을 불러일으키고 가까이 다가가 뚜껑을 열어보고 싶은 인간미 넘치는 작가다. 산전님의 겸양과 자기낮춤의 미덕 때문에 필자는 늘 높이 우러러보며 더 본받으려고 애를 쓴다.

이 시조집의 평설에서는 이러한 작가의 남다른 성향에 바탕을 두면서 작가의 심오한 인생관과 작품세계를 들여다보고자 한다.

1. 수난으로 인한 나이테의 상흔과 상황 인식

역사는 언제나 그렇듯이 무척 매정하고 혹독하다. 개인의 사정과 가족의 안위보다는 권력 잡은 집단의 무자비한 야욕의 칼날에 큰 상처를 입거나 무참히 희생당하는 일이 부지기수다. 그래서 인생은 시대를 잘 타고 나야 된다는 소리를 듣는다. 강원도 춘천이 고향인 작가는 11세 때 어머니를 여의고 청년시절에 6.25를 만나 남녘으로 피난하여 거기서 난민생활을 하다가 아버지까지 여의는 등 숱한 고초를 겪었다. 산전 시인의 글에서는 이러한 엄청난 시대적 비극이 음습한 역사의 뒤안길에서 서성이다가 부초처럼 떠올라 작품의 곳곳에 얼굴을 내밀고 있다.

    A
    질 무렵 위협소리 머리 위 찢고 가고
    허둥대는 물결 앞에 / 저마다 할 바 놓쳐
    서로가 / 남을 잡아먹어야 / 살아남는 / 칼날 춤.
                   - 「현장에서1」(1950.6.28) 전문
    B
    겨울은 갑자기 와 방향을 놓친 물길
    갈 수도 머물 수도 차마 없는 갈림목에
    얼음은 절벽으로 솟아 / 몰고 오던 칼바람

    멀어졌던 회오리 다시 오는 남행길에
    먹구름 흘러가고 빈 가슴에 남은 거란
    꿈으로 간직해오다 / 휩쓸려간 / 보따리.
                - 「상실의 기억」(1951년 1월, 원주에서) 전문

윗글 A와 B는 민족의 엄청난 수난, 6.25의 참상을 토해낸 글이다. 글 A는 6.25 당시의 대혼란과 약육강식의 비인도적 참상을 그려내었고, 글 B는 1.4 후퇴 때의 고난과 절망적 상태를 연시조로 읊어낸 것이다.

6.25를 겪지 않은 전후세대 젊은이들이야 실감이 나지 않겠지만, 그 참상을 목격한 기성세대들에겐 기억하고 싶지 않은 끔찍한 광경들이었다. 특히 수복의 기쁨도 잠시 중공군의 개입으로 1.4후퇴 때 다시 남쪽으로 피난을 떠나야 하는 민초들에겐 그야말로 죽을 맛이요, 한반도는 아비규환 그 자체였었다. 18세에 전쟁을 만나 경남에서 피난생활을 하다가 아버지까지 떠나셨기에, 4남1녀의 장남으로서 동생들을 이끌고 입에 풀칠이라도 해야 했던 작가는 전쟁의 참상이 피맺힌 상실의 기억으로 영원히 뇌리에 남아 지워지지 않을 것이다. 말수가 적고 생각이 깊은 작가의 품성으로 보아서는 아마도 피맺힌 사연을 일일이 다 글로 표현하지 못하고 동생들을 거느린 가장의 입장에서 안으로 삭히면서 눈물은 감추었으리라.

  글 B의 종장 말미에서 '꿈으로 간직해오다 휩쓸려간 보따리'는 과연 무엇을 의미하고 있을까? 아마도 인생에 있어서 놓쳐서는 안 될 결정적인 중요한 사안이었을 것이다. 산전님은 1950년 6월에 서울대학교에 입학했는데, 그만 불행스럽게도 갑자기 터진 6.25로 인해 피난하게 되어 학업을 지속하지 못하였다. 복학을 못하여 꿈을 이루지 못한 것이 천추의 한이라 하셨는데, 그것이 평생의 트라우마로 가슴팍에 새겨졌을 것이다. '휩쓸려간 보따리'란 그때 '잃어버린 학업의 꿈'을 비유한 것이 아닐까?

풍각쟁이 너름새에 넋 홀린 꼭두각시
속셈을 알면서도 휩쓸려간 꿈자리로
탈 그늘 도사린 웃음 / 칼날 되어 오리니

깃발로 반길 건가 발자국 헤아릴까
아리송 광대놀이 속이고 속아주는
지금은 먹구름 하늘 / 묻지 마라 내일을.

바람이 가는 쪽을 너울에 실린 대로
운 따라 흘러가면 어디쯤 닿으려나
길 잃은 마파람 하늬 사이 / 널뛰기의 아리랑
　　　　　　　　　　　　　 -「널문리[板門店] 환상곡」전문

  이 글은 시대적 상황을 비유적 기법으로 그려낸 작품성 높은 연시조로서, 상당히 상징적이고 풍자적이다. 상반된 남북의 이념이 첨예하게 대치하는 국면에 어쩌면 비수를 숨긴 채 어릿광대놀이를 하는 풍각쟁이에게 짐짓 속고 속아주는 형국이 이따금씩 펼쳐지고 있다. 역사 속의 운명의 바람은 언제 어떻게 어디로 흘러갈지 모른다. 이념 대치의 축인 판문점을 중심점으로 널뛰기하듯 펼쳐지는 예측할 수 없는 민족의 상황을 고도의 비유적 기법으로 표현하여 작품의 수준을 높였다.

2. 귀소본능, 그리고 가족에 대한 애절한 사랑

　나이 들수록 더 그리워지는 것은 역시 고향과 혈족인가 보다. 산전의 고향이 춘천이니 수구초심首丘初心의 그리움이 공지천(곰진내)의 언덕에 생생히 피어오른다. 고향은 언제나 그립고 가보고 싶은 곳이지만, 그러나 아무리 가깝더라도 세사에 쫓기다 보면 자주 찾아보기도 어렵다. 그래서 늘 타향의 먼발치에서 뛰놀던 그곳을 회상해 보고, 어릴 때의 추억을 그리워하며 현실적인 삶의 실존의식을 과거로 되돌아가 반추反芻해 보기도 한다.

　　곰진내 정든 동산 그때가 언제던가
　　눈물 자국 아련한 구름 밖 철쭉꽃 떼
　　어느 봄 다시 찾으랴 꿈으로나 헤아려.

　　피 더운 얼음산에 어린 날의 몸서리
　　더는 드릴 것 없이 맑았던 벅찬 숨결
　　기억 속 시간의 명복이나 빌어 올릴 이 제단.

　　정분 깨고 버린 곳 아니건만 못 가보네
　　마음 따라 거닐던 풀피리 그날보다
　　아득히 그리는 애달픔 오늘 되려 소중한.
　　　　　　　　　　　　　　　-「그리운 언덕」 전문

　이 글에는 고향 곰진내의 정겨운 모습과 힘겨웠던 지난

날 삶의 애환이 잘 그려져 있다. 파노라마처럼 스쳐 지나가는 고향에 대한 잔상은 때론 기쁨으로 때론 슬픔으로 기억 속에 넘나든다.

　작가는 이 글에서 '눈물자국', '몸서리', '시간의 명복' 등의 시어로 미루어 '기쁨'보다는 '슬픔'이 더 진하게 각인되어 있는 듯하다. 숱한 고난의 세월을 거쳐 온 작가로 보아서는 눈물어린 고향 모습이 더 선명하리라. 그러나 끝 연의 말미에 '아득히 그리는 애달픔 오늘 되려 소중한'이라고 표현하여, 역경이 곧 인생의 밑거름이 되었음을 암시해 주고 있다. 본향을 그리워하고 아쉬워하는 동심어린 귀소본능歸巢本能이 해맑은 긍정적인 시심으로 잘 형상화된 작품이다.

　　A
　　서른셋 아낙 보면 도지듯 목메었다
　　저 파릇한 젊음에 새끼들은 어쩌라고
　　이 역리 하늘 흘겨본 오직 하나 그 까닭.

　　현비유인 향연 앞에 병아리 비실비실
　　해는 왜 떠오르는지 꽃은 왜 지는 건지
　　둥지엔 찬바람 스쳐 고향조차 버렸다.

　　하릴 없이 질긴 명줄 당신의 갑절토록
　　타인들 사모곡은 비껴가는 메아리로
　　그려온 초상화라야 / 빈 가지 끝 / 야윈 달.
　　　　　　　　　　　　　-「오래된 응달」전문

B
빗나간 곁가지를 한 가슴에 보듬고
하늘 땅 바로 보라 앞길 멀리 손짓하며
눈부신 매를 드시던 / 그리워라 그날들.

어두운 짐에 눌려 험한 길 가신 평생
애끓는 바람으로 / 품어 오신 새끼는
방목된 산을 벗어나 / 떠돕니다 / 아직도.
- 「사부곡」 전문

 누구든지 부모는 마음속의 고향이요 본향의식의 원천이다. 고향 산천이 후천적인 배경이라면, 부모는 모태적인 혈연이요 자기 생명의 근원처다.
 이 글의 화자는 전쟁을 겪고 난 후 동생들을 이끌고 부모의 짐까지 다 짊어지고 살아야 했으니, 눈물 속에 부모님에 대한 원망과 그리움이 얼마나 애절했을지 짐작이 간다.
 글 A는 작가가 11세 때, 서른셋의 나이로 작고하신 어머니를 그리며 그 그리움을 원망하듯 한탄하듯 써내려간 글이다. '새끼들은 어쩌라고', '역리逆理', '병아리 비실비실' 등의 시어들로 어린 것들을 두고 떠난 어머니에 대한 야속한 속내를 드러내고 있다. 그러면서 '해는 왜 떠오르는지, 꽃은 왜 지는 건지', '둥지엔 찬바람 스쳐 고향조차 버렸다'며, '빈 가지 끝 야윈 달과 같은 어머니의 초상화'를 들고 투정하지만, 기실其實은 뼈아픈 사모곡을 읊조리면서 독백

적 하소연을 하고 있다.

  아버지가 돌아가신 큰 슬픔을 '천붕지통天崩之痛'이라고 한다. 글 B는 자식에게 남겨준 아버지의 엄격한 유훈을 생각하며 천붕지통의 큰 슬픔 끝에 불효자식으로서의 도리를 다 못하고 있는 자식의 심정을 고백적으로 잘 표현한 글이다. '매'라는 시어로 대유된 엄격함은 '눈부신'이라는 수식어로 한층 승화되었으며, 그런 날들이 오히려 그립다고 하니, 아버지의 유훈과 생활철학에서 인생의 큰 힘을 얻었음을 미루어 짐작할 수 있다.

  A
  아니야 말도 안 돼 이 몹쓸 딱한 사람
  열어온 기러기길 곧은 행렬 무너뜨려
  멋대로 앞서가다니 부리 끝 내밀다니.

  이 불순 어디에다 하소하리 다그치리
  빈자리 흐느낌뿐 어찌할꼬 어찌할꼬
  이제야 매운 눈보라 내 앞에 오나보다.

  길잡이 잘못 만나 헝클린 고비고비
  세상눈 어두웠던 내 죄가 엄청나다
  달 너머 먼 길 가거든 / 잃었던 별 찾게나.
                - 「아우를 보내며(상만이에게)」 전문

  B
  때 없이 눈 시리다 노을 고개 이쯤서도

코눈물로 설거지한 단발머리 천사야
　　손잔등 피꽃 터지고 소학교도 작파한.

　　소꿉노래 바래기 전 밑동 꺾인 생가지
　　깃 잃은 둥지 바람 한 어깨로 떠맡아
　　타고난 무쇠 멍에에 무너져간 무지개.

　　떳떳이 고개 들어 곧은 길 걸어온 나
　　오로지 네게만은 고개 들 수 없었단다
　　꽃다발 바친다 한들 저문 하늘 밝아지랴.

　　한 샘 솟아 한 줄기라 앞 강물에 뒷 냇물
　　나는 예서 너는 게서 따로 이어 흘러가도
　　후생 날 거듭나거든 / 넌 오라비 되어다오.
　　　　　　　　　　　－「미안해 아래누이야(상화에게)」

　작가의 동생들에 대한 사랑과 연민의 정은 그 자신이 장남으로서 부모의 짐을 다 떠맡았기에 더 애절하였을 것이다. 글 A는 아우를 떠나보내고 그 슬픈 마음을 절절히 읊어낸 연시조이다. '몹쓸 딱한 사람', 멋대로 앞서갔다고, 열어온 기러기길 곧은 행렬 무너뜨렸다고 '어찌할꼬' 하면서, '내 죄가 엄청나다'고 하소연하는 절규가 형제간의 우애 속에 넘쳐흐르니, '思弟曲'이 아니라 곧 '思弟哭'이다.

　글 B도 가슴 절절한 남매간의 애절한 사랑이 꽃처럼 피어난 연시조이다. 불쌍한 어린 시절을 보낸 여동생 하나, 아마도 여동생은 비록 어리지만 여자로서 어머니의 역할을 대신하느라 자신의 안위는 제쳐두고 온갖 고초를 다 겪었으리라. 작가는 그녀를 '손잔등 피꽃 터지고', '소학교도 작파한', '코눈물로 설거지한 단발머리 천사'라고 술회한다. 작가는 오로지 네게만은 고개 들 수 없었다며, 후생 날 거듭나거든 차라리 네가 오라비가 되어달라고 자괴심을 드러내니, 그 남매간의 도타운 사랑과 연민의 정이 읽는 이의 마음을 숙연하게 한다.

　이러한 작품들은 작가의 체험적 내면에서 우러나온 아름다운 인간미와 인정이 드러난 진솔한 글들이다. 하나의 글이 문학다움을 유지하기 위해선 어색한 꾸밈이 없이 문학의 작위성을 벗어나 그 진솔성이 드러나야 하는데, 그런 면에서 이러한 작품들은 상당히 인간적이고 시어구사가 적절하여 큰 감동을 불러일으킨다.

3. 고독과 자존, 그리고 기다림의 정서

　산전시인님이 풍기는 인상은 '고독'이라는 성채 안에서 자화상을 그리고 있는 선비형 작가처럼 보인다. 지난 날 삶의 터전을 피땀 흘려 혼자서 구축하고 혼자서 판단·결정하며 자수성가의 험난한 길을 걸어왔기에 그런 고독의 시편들이 나타났으리라.

　사람을 사귀는 데는 '선담후농先淡後濃'의 방법이 좋다.

처음부터 선뜻 속내를 드러내 주고 교언영색巧言令色으로 아부하듯이 가까이하기보다는 좀 여유를 갖고 관찰하면서 차츰차츰 친해져 가는 게 사귐의 도리다. 산전 시인님은 말보다는 글로 마음을 나타내시니 오랫동안 교유해야 그 인정의 깊이를 느낄 수 있다. 늘 먼저 나서지 않고 과묵하고 겸손하시니 처음엔 함부로 다가서기 어렵기도 하다. 그러나 몇 차례 정담이나 필담을 나누다 보면 따듯한 인간미와 진실성을 느끼게 되어 더 가까이 다가서게 되니, '선담후농'의 문우지정文友之情을 새삼 느끼게 된다.

이번 작품을 통해 관찰한 작가의 세계에는 늘 고독 속에서 누군가를 기다리고 계시다. 누군가는 틀림없이 인생의 위로자일 것이며, 그 누군가를 기다리고 있다는 것은 아직도 늘 외롭다는 뜻이다. 이러한 시인의 진면목은 작품의 곳곳에 나타나 있다.

    A
    발원의 새싹들이 / 물결 따라 실리 따라
    저마다 편한 대로 / 이리 저리 갈린 세월
    다만 그 / 절대 고도에 / 갇혀 살던 / 자존은.
                       - 「갈라파고스를 그리며」 전문
    B
    오마고 짚어주신 / 그 날짜 하마 지나
    그림자 아른아른 / 눈시울에 뜨고 지네
    가신 님 / 안 오는 님 나란히 / 먼 재 넘는 / 바람결.
                         - 「오련다 아라리」 전문

단수로 창작된 이 두 수의 시조는 작가의 내면세계를 잘 들여다 볼 수 있는 작품이다. 글 A에서, '갈라파고스'는 표준에 맞지 않고 독자적인 형태로 고립된 상태를 말하지만, 이 글에서는 역설적 혹은 양면적 의미가 짙다. 고독은 창작력의 어머니이고 그 속에서 피어난 심오한 시상은 자존과 실존이라는 본령에서 우러나온 개성적인 발상의 꽃이다. 그러기에 작가는 세인들이 부정적으로 보는 갈라파고스를 그리며 오히려 자존을 지키는 수기(守己)의 성채로 인식하고 있는 것이다.

글 B에는 님을 기다리는 간절한 소원이 영롱한 시어들의 조합으로 아롱져 있다. 이 글에서 '가신 님'과 '안 오는 님'은 동일한 인물일 것이다. 오신다던 '가신 님'이 안 오시기에 '가신 님, 안 오시는 님'이 번갈아가며 눈앞에 오버랩 되어 아른거린다. 오시기만을 기다리며 먼 재를 바라보지만, 중첩되어 눈시울에 뜨고 지는 야속한 그리움만 바람결에 나부끼고 있다.

시인 조병화는 '고독'이라는 명제를 다루면서, 그의 시를 "존재의 숙소"라고 하였다. 고독이 시 창작의 창고이며, 외로우면 외로울수록 시가 많이 나온다는 이야기다. 이렇듯 고독과 사랑은 사람을 성장시켜주는 영양소이자 밑거름이라 할 수 있다. 누군가 또는 아름다운 대상을 기다리는 일은 힘의 원천이요 아름다운 꿈이다. 글 A, B와 같은 이러한 작품들은 작가의 외로움과 기다림의 미학이 유감없이 잘 드러난 시편들이다.

> 무시로 마주친다 낯선 이 낯익은 이
> 어디 사는 누구인지 궁금하지 않은 데도
> 뒷모습 돌아다보는 이 버릇은 왜일까.
>
> 언젠가 본 듯한데 오늘 또 만나는 이
> 만난 적 없을 텐데 어쩐지 본 듯한 이
> 저절로 어울리는 냇물에 / 뜬 풀처럼 흐르며.
>
> 애당초 알았던 이 있을 수 없는 땅에
> 걸으면 길이 되고 만나면 숨결 섞는
> 짙은 숲 / 오솔길 위에 / 볕이 와서 손잡네.
> - 「숲길을 가며」 전문

  이 글은 숲길을 걸으며 마주치는 인물들과 자연을 대상으로 창작된 것이다.

  이 글을 읽으면 인간과 인간, 그리고 인간과 자연이 하나가 되어 숨 쉬고 호흡하는 물아일체物我一體의 경지에 몰입되는 듯하다. 외로움에 젖어 있는 작가는 사람을 만나면 쉽게 친해지지는 않지만 지나쳐가는 저쪽이 궁금하고 그냥 정이라도 나누고 싶어 한다. 일찍이 어머니를 잃은 필자도 어머니를 닮은 여인을 늘 그리고 있는데, 늘 그리운 누군가를 찾고 있다는 것은 외로운 시인들의 속성이다. 그러기에 작가는 숲길에서 사람이 지나쳐가면 다시 그 뒷모습을 돌아다보는 습성이 있단다. 그런데 아무리 그리운 사람을 마음속에 품고 있어도 내향적인 사람에게는 쉽사리 만남은 이루어지지 않는 법, 냇물처럼 흘러가는 세월에 인걸은 간 데 없으니, 지나치는 사람이건 부딪치는 자연이건 함께 숨결을 섞으며, 그저 변함없이 은혜를 쏟아주는 햇볕이나 손잡을 수밖에...

이 글은 주어진 환경 속에서 자아의 실체를 확인하려는 자존의식, 그리고 만남의 기쁨을 찾아가려는 외로움의 정서가 잘 나타난 연시조이다.

4. 그늘 지향의식과 낮춤의 미학

산전 시인의 정서는 햇볕보다는 그늘을 많이 즐기는 작가다. 필담을 통해서도 빛살보다는 그림자를 더 좋아한다고 했다. 양지와 음지가 다 그 의미가 다르겠지만, 양지가 있음으로써 음지가 있고 음지가 있음으로써 양지가 있는 법이니, 그늘 지향의식은 만물 질서의 조화 속에서 겸양과 자기 낮춤의 미덕을 실천하는 아름다운 처세법이라 할 수 있다. 평범한 사람들의 생각으로는 대개 그 반대로 분석하겠지만, 이런 면으로 보아서 산전님은 좀 독특한 주관과 철학을 지닌 분이다. 평범 속의 비범이라 할까? 이러한 독특한 개성과 생활철학 때문에 남다른 문학작품이 알알이 쏟아져 나와 그 정서가 반짝반짝 빛이 나고 있다.

A
꿇을까 고해대(告解臺)에 / 술래로 숨어들까
바닥껏 / 뒤엎은 채 / 내일을 다짐할까
쌍갈래 / 하늘 땅 가를 / 또 하나의 / 갈림길.
- 「햇살 아니면 그늘로」 전문

B
잘못 안 명에 찾아 / 멍든 길 돌아눕다
허방에 잡힌 발길 / 벗어날 틈 져버린 채
별 너머 / 생뚱맞은 꽃섬에 / 떠 내려온 머저리.
- 「이런 놈도 살았다고」 전문

글 A와 B는 작가의 그늘 지향의식과 자비의식自卑意識이 두드러지게 나타난 글이다. 한 많은 인생에 너무나 고초가 심하였고, 늘 갑甲보다는 을乙의 입장에서 살아온 작가의 경륜으로 보아 충분히 이러한 성향의 글들이 작품집의 안팎에 많이 고개를 내밀었으리라 생각된다.

글 A에서는 햇살과 그늘과의 사이에서 심리적 갈등을 겪고 있는 작가의 모습이 이채롭다. 고해성사를 하고 무릎 꿇고 고백을 할까, 아니면 모든 걸 다 뒤엎은 채 묻어버리고 하늘 보며 새 출발을 할까 고민을 하는 화자가, 음지와 양지의 쌍갈랫길에서 갈등을 겪는 모습이 작품의 골간을 이루고 있다.

 글 B에서는 글 A와는 달리 갈등의 경지를 지나 자괴감과 패배 의식의 경지에까지 이른다. 이 글에서 '생뚱맞은 꽃섬"은 과연 어디일까? 아마도 세류世流에 떠밀려 어쩌다 정착한 곳, 갈라파고스 또는 꿈이 깨어져버린 허망한 이상향이 아닐까? 삶에 속고 인생에 속아 힘겹고 지쳐 있을 때, 스스로를 '머저리'라고 비하卑下하며 자책을 하는, 그늘 지향의식의 글이기에 더욱 이채로운 감명을 받는다.

>   슬픔도 묻어두면 가시가 돋는 건지
>   무연고 떼무덤 터 빼앗은 환삼 덩굴
>   짓밟은 묏등도 빗돌도 아수라장 별바다.
>
>   육신이 삭아져간 흙더미에 뿌리박고
>   백골을 거름 삼아 들불로 줄기 뻗어
>   하늘 땅 자리 바꾸려는 저 섬뜩한 오기여.
>
>   이 저승 변두리에 가림막 짙게 쳐서
>   무덤 안 곡소리를 막으려는 것이리라
>   풀벌레 작별의 바람에나 흐느낀 것이리.
>   -「풀과 무덤」 전문

 이 글을 읽으면 얼핏 윤동주의 시「또 다른 고향」이 떠오른다. 그 글에서 '백골'은 욕망의 실천을 꿈꾸다가 꺼져버린 잠재적 자아이고, 그 백골을 들여다보는 화자는 잠재적

자아의 죽음을 슬퍼하는 실체적 자아이기 때문이다.

 이 글에서도 무덤을 온통 덮고 있는 환삼덩굴과 무덤 속 백골과의 상관관계를 산 자의 입장에서 관찰자의 시각으로 잘 묘사하면서 인간존재의 삶의 의미를 되새겨 보게 하고 있다. 환삼덩굴은 번식력이 강하고 줄기와 잎자루에 잔가시가 있어 매우 거칠며 별 모양으로 갈라진 질긴 잎을 가지고 있다. 그러기에 작가는 그 가시를 의식하고 '슬픔도 묻어두면 가시가 돋는 건지'라고 하면서, 온통 무덤을 뒤덮고 있는 그 현장을 '아수라장 별바다'라고 비유하고 있다.

 1연이 배경 묘사라면, 2연과 3연은 배경으로 인한 작가의 의식 세계의 표현이다. 2연에서, 백골을 거름삼아 뻗어 있는 무덤 위 무성한 환삼덩굴을 향해 '하늘 땅 자리 바꾸려는 섬뜩한 오기'라고 표현하고 있는데, 힘없는 민초들의 피를 빨아먹고 온통 세상을 불의로 점령하고 있는 의기양양한 점령자들을 비유함직도 하다. 제3연에는 슬픔을 단절시켜 보려는 작가의 내면세계가 드러나 있다. 욕망을, 억울함을 끝내 풀지는 못해도, 그저 풀벌레 소리 같은 자연에나 귀를 기울이며 안분지족의 자세로 망자(亡者)의 곡소리를 애써 닫아보려 한다. 그러한 심리는 현실도피요, 자기 위안 심리일 수도 있다. 불의가 판치는 험악한 현실에서 귀 막고 눈 감아 피안의 세계로 안주하려는 화자의 심리가 이 작품 속에 내재해 있다.

이 글은 삶과 죽음을 넘나드는 작가의 의식 세계를 '무덤'과 '환삼덩굴'이라는 소재를 빌어 매우 의미심장하고 상징성 있게 표현한 것으로서, 작품성이 매우 높은 글이다.

5. 늙음에 대한 수용 의지와 상처 어루만지기

'신동神童'이라 불리던 김시습은 5세 때, 허조許稠라는 노老 재상 앞에서 "노목개화심불로老木開花心不老"라고 글을 지어 주변사람들을 놀라게 하였다. "늙은 나무에 꽃이 피었으니 마음은 늙지 않았구려"라는 말이다.

인생 경륜이 남달리 두터운 산전山田 시인은 올해 미수米壽이다. 그렇게 모든 시인의 인생 선배가 되심에도 불구하고 젊은이 못지않게 왕성한 작품 활동을 하니, "老木開花心不老"라는 말이 떠올라 매우 존경스럽고 우러러 뵌다. 조용한 품성과 겸양의 태도로 작가 자신은 지극히 내면지향성이 짙어 낮춤의 철학이 작품 곳곳에 뿌리를 내리고 있지만, 늙음에 대한 수용의지와 받은 상처에 대한 극복 의지는 남다르게 노익장의 면모를 보인다. 탄로가嘆老歌를 읊어야 할 지경에, 지속적으로 많은 글을 창작해 내고 동시조童時調까지 즐겨 쓰시는 이유도 여기에 있는 듯하다.

A

어느 새 싹이 텄나 / 놀라는 거울 앞에
광대뼈에 떠오른 / 불청객 눈도장은
남의 일 쯤으로 여긴 / 얼룩점이 / 내게도.

노을맞이 강물에 / 흘러와 앉은 앙금
여드름 돋던 자리 / 새로 새긴 정표러니
가랑잎 / 창에 툭 질 때 / 문안 엽서 받듯 하리.
- 「저승꽃」 전문

B
다리는 진창 늪에 몸통은 구름 위에
걷는지 멈춘 건지 시시로 가늠 못할
갈지자 기댈 곳 없이 무너지는 걸음마.

느림의 미학이란 핑계도 당치 않고
남처럼 들고 싶은 목 고개 깊이 꺾여
하늘은 저승처럼 멀어 흐려지는 그림자.

추위 없는 여름이 내게 언제 있었던가
분해된 조각조각 임자 잃은 살덩이로
이제야 막바지 등마루 악다물고 오르리.
- 「아픔에게」 전문

  늙음에 대한 인식은 인생관 내세관에 따라 사람마다 현실 대응방식이 다르다. 예술가는 후미진 음지의 진실을 발견하는 예리한 눈을 가져야 하는데, 산전 시인님은 이런 면에서 매우 탁월한 작가다. 보통사람들이 다 세상의 명리만을 좇아 밝고도 좋은 것의 주변만을 서성이고 있지만, 산전

시인님은 늘 무대 뒤 그늘 속에서의 참된 진실을 찾아내고자 하는 내밀한 잠재의식과 극복의지가 글 속에 자주 나타난다.

윗글 A에서도 늙어감 속에서 피어난 '불청객 눈도장', 즉 '저승꽃'인 검버섯을 '새로 생긴 정표'라 하고, 인생의 막바지에 '문안엽서 받듯' 하겠노라며, 늙음에 대한 수용의 지를 드러내고 있다. 또 글 B에서는 노인 통증과 불편한 육신의 아픔을 막바지 등마루를 향하여 이를 악다물고 오르리라는 굳은 결기를 드러내 놓고 있다.

이러한 면모는 작가의 그늘 지향의식과는 다른 역설적 의미로도 해석될 수 있으며, 결코 단순히 표면적 의미로는 파악될 수 없는, '애이불비哀而不悲'의 정서와도 근접된 성향이라고 생각된다.

> 오면은 가는 이치 알고나 오는 듯이
> 말없이 피었다가 절로 지는 꽃을 보면
> 보내기 아쉬운 나날에 마음자락 시리다.
>
> 삭신에 그늘 내려 걸음도 후들대면
> 벼랑에 등을 기대 지는 해 바라보며
> 앞날엔 뉘우침 없으라 지레 꼽아 보리라.
>
> 삶이란 죽음까지 흘러가는 수유須臾일라
> 왔다가 영원으로 떠나는 존재에게
> 애달픔 걸러낸 눈으로 웃고 보낼 일이리.

- 「사라짐을 보며」 전문

　이 시조는 인생의 의미에 대하여 작가가 의미심장하고도 초월적인 사유의 세계를 펼쳐 보인 매우 명상적인 글이다. 1연에서는 말없이 피고 지는 꽃과 같은 허무한 인생의 무상함을, 2연에서는 쇠락한 노경에 이르러 후회로운 삶의 모습을 되돌아보는 심경을, 3연에서는 영원의 세계로 떠나는 존재에게 밝은 의미를 부여해 주고 싶은 화자의 내면 시심을 표현하였다.

　삶과 죽음의 경계는 백짓장 한 장 차이다. 삶이 곧 죽음이요, 죽음이 곧 삶일 수도 있다. 이러한 관점은 색즉시공色卽是空 공즉시색空卽是色의 논리와도 상통한다. 작가는 이러한 삶과 죽음의 경계에서 죽음의 의미가 지닌 현실적 슬픔을 긍정적으로 갈무리하면서 영멸의 진리를 찾아내려는 밝은 시심을 아주 잘 표현해 내고 있다.

6. 작품 창작에 대한 열정과 명작의 꿈

　필자는 평소 말수가 적고 내향적인 산전시인님의 발표 글들을 볼 때마다, '어찌 이렇게 주옥같은 시편이 누에고치 실타래 풀어내듯 줄줄 이어 나올 수 있단 말인가!'하고 놀란 적이 많다. 미수米壽를 맞이한 산전시인은 젊은 시인들

보다 더 작품 창작 열의가 많은데, 이는 뭇 시인들이 본받아야 할 일이다. 그러한 면모는 아마도 시인 자신의 성취도에 대한 미완의식, 즉 '나는 아직 부족하다, 아직 멀었다'라는 잠재의식과 소위 '장인정신'으로 대변될 수 있는 시조 분야의 전문성 추구 정신이 큰 작용을 했으리라 본다.

> A
> 정 끝에 얼을 맺혀 흰 불꽃 피워내며
> 비원의 망치질로 뼛골마저 사르더니
> 어쩌다 못다 이룬 채 그 석공은 어디로.
>
> 바위를 나오려던 부처는 멈춰선 채
> 꿈 잃은 아쉬움을 견디어 감춘 체념
> 억년 잠 다시 깊어져 이끼 덮인 바람길
>
> 목메어 밝힌 촛불 꺼진 지 하마 언제
> 무심의 봄가을은 더께 낀 밀썰물로
> 기다림 / 사무칠 날 언제랴 / 오지 않는 / 별이여.
>   - 「미완(未完) 시편(詩篇)」 전문

> B
> 그대를 만날 날은 / 스스로 고르련다 //
> 꽃이야 철에 와서 바람 따라 간다지만
> 내 할 일 / 마무리진 뒤에나 / 미련 없이 / 떠나마.
>   - 「죽음에게 3」 전문

예술작품에 대하여 '완성작'이란 있을 수가 있을까? 아

마도 아무리 불후의 명작이라 칭송받아도 완전한 작품이 될 수는 없을 것이다. '완전성'이란 말의 한계도 어렵거니와 평가자의 눈높이나 척도에 따라 그 기대수치도 다르기 때문이다.

　글 A의 1,2연에서는 '정', '비원의 망치질', '석공', '이끼 덮인 바람길' 등의 비유적 시어들을 동원하여 예술작품 창작의 아쉬운 과정을, 제3연에서는 '촛불 꺼진 지 하마 언제', '오지 않은 별' 등의 시어로써, 끝끝내는 샛별처럼 떠오르도록 이루어낼 수 없는 예술작품 창작의 완성도에 대한 여한을 그려내고 있다.

　글 B에서 '그대'는 누구를 뜻하는가? 아마도 '죽음' 또는 종말을 맞이한 또 다른 자아(自我)를 뜻할 것이다. 이 글에서 특이한 점은 운명론보다는 화자 자신의 의지력에 무게를 두고 있다는 점이다. 화자는 생전의 사명감을 염두에 두고 '죽음'에 엄격히 명령하며 통고하고 있다.

　시인이, 마음에 드는 시편 하나를 들고 고심하다가 기어이 얻어 내었다면 얼마나 큰 기쁨인가! 그러나 그런 기쁨은 어지간해선 맛보기 힘들다. 필자는 강의시간에 종종, '떨어진 꽃잎은 꽃씨를 품고 있어야 한다'라고 강조하곤 한다. 육신은 늙어 이미 쇠락하였지만, 그 인생이 남긴 마지막 족적은 아름다워야 한다는 말이다. 이 글은 죽음의 참 인식과 함께, 예술가로서의 성취 염원과 의지가 담겨 있어 작품의 생명력을 더해 주고 있다.

　산전(山田) 모상철 시인의 작품세계는 음미하며 들여다 볼수록 심오하고도 진솔하여 독자들의 가슴을 울린다. 특히 겸손하고 말수가 적은 인간미의 바탕 위에, 시적 재능과 사유의 공간이 매우 넓고도 무한하며, 농축된 체험의 곡진한 사연이 누에 실타래 풀어내듯 솔직 담백하게 전개되어 큰 감명을 안겨준다. 전편에 걸쳐 무대 뒤의 또 다른 세계를 보는 듯, 거기에 돋아난 시조의 숲들이 흥미롭고도 참신하다.

　송나라 구양수가 '시궁이후공(詩窮而後工)'이라 하였는데, 이번 시조집 『조각배에 흔들리며』에 실린 산전님의 글들이 바로 곤궁함을 겪고 창작된 글들이기에 그 글솜씨가 더욱 반짝반짝 빛이 난다.

　노익장의 열정으로 주옥과 같이 놀랄 만한 시편들을 쏟아내시는 산전시인님께 경의를 표하며, 이 한 권의 시조집이 많은 사람들의 심금을 울려서 메마른 가슴을 촉촉이 적셔주는 인생의 지침서가 되길 바란다.

　　　　　　　　　　　　　(己亥年 正月 三益齋에서, 曉峯)